SERVICE FUNÈBRE

EN L'HONNEUR DE M. CARNOT

Président de la République Française

CÉLÉBRÉ AU TEMPLE ISRAÉLITE DE BORDEAUX
LE 1er JUILLET 1894

———

DISCOURS ET PRIÈRE

PAR

ISAAC LÉVY

GRAND RABBIN

Publié par les soins du Consistoire israélite.

SERVICE FUNÈBRE

EN L'HONNEUR DE M. CARNOT

Président de la République Française

CÉLÉBRÉ AU TEMPLE ISRAÉLITE DE BORDEAUX

LE 1er JUILLET 1894

DISCOURS ET PRIÈRE

PAR

ISAAC LÉVY

GRAND RABBIN

Publié par les soins du Consistoire israélite.

SERVICE FUNÈBRE

EN L'HONNEUR DE

M. CARNOT

Président de la République Française

Dimanche 1er juillet, à quatre heures de l'après-midi, un service funèbre a été célébré au Temple israélite de Bordeaux, à l'occasion des funérailles de M. Carnot, président de la République française.

Une note avait été insérée dans les journaux de la localité et la circulaire suivante adressée à tous les Membres de la communauté :

Bordeaux, le 27 juin 1894.

M

Nous avons l'honneur de vous informer que le Consistoire, réuni aujourd'hui, en séance extraordinaire, pour voter une adresse à Mme Carnot et à M. le Ministre des cultes, a décidé, suivant les instructions du Consistoire Central, qu'il sera célébré au Temple, *dimanche 1er juillet, à 4 heures de l'après-midi*, un service funèbre à l'occasion des obsèques de M. Carnot.

Nous vous prions de vouloir bien y assister et de manifester ainsi, par votre présence à cette cérémonie, la part profonde que vous prenez au cruel malheur qui plonge la France entière dans le deuil.

Veuillez agréer, M   , l'assurance de notre parfaite considération.

Les Membres du Consistoire Israélite :

HENRI GRADIS, *Président.*
SCHŒNGRUN-LOPÈS-DUBEC, *Vice-Président.*
ISAAC LÉVY, *Grand Rabbin.*
ALBERT SAZIAS.
LOUIS-A. LÉON.
WILLIAM IFFLA.

Le Secrétaire,

ISAAC UHRY.

Le côté droit de la nef est réservé aux dames.

Dès trois heures, la foule avait littéralement envahi le Temple.

Le programme de la cérémonie était fixé comme suit :

1º Orgue, marche funèbre ;
2º Récitation du psaume 16 (en français et en hébreu) ;
3º Chant des 4 premières strophes des *Hakafoth* (en hébreu et en français) ;
4º Allocution de M. le Grand Rabbin ;
5º Chant, chœurs ;
6º Prière spéciale devant le Héchal ;
7º *Atanou,* sortie du Sépher, *Schema ;*

8° Prière pour la République ;
9° Récitation du psaume 91 (en français et en hébreu);
10° Orgue. Sortie.

Le Temple était tendu de noir, un faisceau de drapeaux cravatés de crêpe était placé, extérieurement, au-dessus de la porte centrale.

Les deux grands lampadaires, les candélabres de l'Héchal, le grand chandelier à sept branches, la Théba et la chaire étaient recouverts de crêpe noir.

L'Administration du Temple, chargée de la décoration et de l'organisation du service d'ordre, s'est acquittée de ce soin à la satisfaction de tous les assistants.

La foule, recueillie et silencieuse, a écouté avec la plus vive émotion l'allocution suivante, prononcée par M. le Grand Rabbin :

שבת משוש לבנו נהפך לאבל מחרלנו

— La joie de notre cœur a cessé et nos hymnes sont changés en lamentations de deuil. (*Lamentations*, ch. V, v. 15.)

Ces tristes paroles par lesquelles le prophète Jérémie déplorait la ruine de Jérusalem et la destruction du temple ne se sont-elles pas échappées des lèvres de tous les habitants de la grande cité dans laquelle a été commis l'exécrable forfait qui a plongé la France dans la consternation la plus profonde? Ils rivalisaient de zèle et d'ardeur pour donner au chef de l'État le témoignage le plus éclatant de leur respect et de leur affection. Le noble drapeau de la France se balançait joyeusement au faîte des édifices publics, aux fenêtres de toutes les habitations particulières. Des cris enthousiastes accueillaient le premier magistrat de la République partout où il se montrait. Les façades des maisons brillamment illuminées, la foule qui se pressait dans les rues, les acclamations dont elle faisait retentir les airs, tout montrait que la joie débordait des cœurs, tout prouvait qu'on était heureux de rendre hommage au citoyen loyal et intègre, au patriote dévoué, à l'homme modeste et bon entre les mains duquel avaient été remises, il y a quelques années, les destinées du pays. Et tout à coup, se répand un bruit sinistre, et les larmes jaillissent et les cris d'allégresse s'éteignent en sanglots, et on n'entend plus que cette plainte douloureuse :

שבת משוש לבנו נהפך לאבל מחולנו

La joie de nos cœurs a cessé, nos cantiques sont transformés en lamentations de deuil.

Et nous qui suivions de loin la marche triomphale de l'élu de la nation, nous qui avions constaté avec une satisfaction sans pareille que, faisant trêve à leurs divisions, les citoyens de tous les rangs, de toutes les classes s'étaient unis dans un même sentiment de vénération et d'amour pour celui qui était, à leurs yeux, l'image même de la patrie, nous fûmes frappés d'étonnement et de stupeur quand nous parvint la nouvelle de l'horrible attentat, et nos yeux aussi se mouillèrent de pleurs, et rompant enfin notre morne silence, nous nous écriâmes, nous aussi :

שבה משוש לבנו נהפך לאבל מחזלנו

La joie de nos cœurs a cessé, notre satisfaction est changée en deuil.

Ce que nous avons ressenti au lendemain de la terrible catastrophe qui frappe notre pays, ne le ressentons-nous pas encore? Les regrets que nous a inspirés l'immense perte que fait la France ne sont-ils plus aussi vifs?

Votre attitude recueillie, les larmes que je vois briller dans vos yeux me prouvent que vous sentez comme au premier jour toute l'étendue de l'infortune qui nous accable.

Et comment n'en serait-il pas ainsi? Pouvons-nous ne pas déplorer amèrement comme Israélites, comme Français, comme hommes, la mort de celui qui fut un partisan résolu de la liberté de conscience, un patriote dont le cœur était rempli pour la France de l'amour le plus pur, le plus ardent, un homme de bien qui faisait honneur à l'humanité par ses vertus?

Oui, celui dont la dépouille mortelle vient d'être rendue à la terre, au milieu des pleurs et des gémissements du peuple de Paris et de la nation française tout entière, professait les idées les plus larges et les plus libérales. Fidèle aux enseignements d'un père qui ne craignit pas d'élever la voix en notre faveur, de défendre, à la tribune de la Chambre des Députés, nos droits qui étaient méconnus, il ne pactisa jamais avec ceux qui prêchaient la haine contre Israël, et plus d'une fois, il affirma solennellement son attachement au grand principe de l'égalité de tous les Français devant la loi. Le matin même du jour qui désormais sera une date funeste dans notre histoire, il a dit aux représentants du culte israélite : « Je m'efforce, comme mon père, d'être essentiellement libéral et impartial ».

L'impartialité, c'est-à-dire le respect absolu de la vérité et de la justice sans faiblesse, sans lâche complaisance pour les préjugés de la foule et les clameurs intéressées des envieux, n'est-ce pas là une qualité éminente dont l'absence chez le chef de l'État eût pu avoir pour nous, dans les temps troublés au milieu desquels nous vivons, les conséquences les plus graves et les plus désastreuses?

Nous devons donc une reconnaissance et une sympathie profondes à celui qui, placé au faîte du pouvoir, a fait preuve de cette qualité si rare et en a fait un usage constant dans sa conduite.

Il a pratiqué encore une autre et magnifique vertu : le patriotisme.

Dans cette sombre année dont le souvenir ne s'est pas effacé et ne s'effacera jamais de notre mémoire, quand le sol sacré de la patrie fut envahi et profané par l'étranger, quand nos armées, inférieures à l'ennemi non en vaillance et en courage, mais en nombre, durent reculer et s'éloigner de plus en plus des frontières, quand nos forteresses s'écroulèrent les unes après les autres, celui en l'honneur duquel nous célébrons cette cérémonie se souvint de son aïeul qui avait, lui aussi, défendu l'intégrité du territoire français contre l'envahisseur, et il offrit avec empressement ses services au Gouvernement de la Défense Nationale. Il fut chargé d'organiser la résistance dans trois départements, et il s'acquitta avec honneur de la difficile et périlleuse mission qui lui fut confiée. Hélas! il n'eut pas, comme son illustre aïeul, le bonheur d'être un des *organi-*

sateurs de la victoire. Il dut assister, impuissant et le désespoir dans l'âme, à l'effondrement et à la mutilation de la patrie ; il travailla, du moins, à son relèvement. Comme député, comme sous secrétaire d'État, comme ministre, il contribua à la guérison des plaies dont avait souffert notre infortuné pays. Il aida plus efficacement encore à ce résultat quand il arriva à la magistrature suprême. D'un caractère doux et conciliant, il aplanit bien des difficultés qui paraissaient insurmontables et assura ainsi la tranquillité à l'intérieur. Plein de loyauté et animé d'un amour sincère de la paix, il rassura par ses paroles franches, son attitude correcte, ceux qui, à l'étranger, craignaient de notre part un de ces coups de tête irréfléchis et téméraires qui auraient pu amener, en Europe, une conflagration générale.

La confiance qu'il inspirait n'a pas été étrangère à la formation des liens sympathiques qui se sont établis entre nous et une puissante nation du Nord, et les témoignages d'estime que prodiguent aujourd'hui à sa mémoire les Assemblées législatives et les Gouvernements de tous les pays civilisés sont pour nous, en ce moment cruel, un adoucissement à nos maux et une consolation précieuse.

Vous parlerai-je maintenant de sa vie privée, qui a été exemplaire ; de son ardent amour du travail, qui le tenait souvent éveillé fort avant dans la nuit ; de son amour pour sa famille, qui était sa joie, son orgueil, au milieu de laquelle il aimait à se délasser des fatigues que lui imposaient les hautes fonctions dont il était revêtu, dans laquelle il venait chercher un refuge contre les soucis, les inquiétudes que lui causaient les affaires publiques ?

Non, mes frères, je ne veux pas retenir trop longtemps

votre attention. Mais je ne puis passer sous silence sa politesse exquise, l'affabilité de ses manières, qui nous ont tous séduits quand il honora notre ville de sa présence.

Je commettrais aussi un oubli impardonnable si je ne parlais de la bonté de son cœur, de son désintéressement et de sa modestie.

Son désintéressement, il le prouvait en dépensant intégralement, et sans vouloir rien en conserver, ce que la nation lui allouait.

La bonté de son cœur, il la manifestait par les dons généreux que recevaient de lui les établissements charitables partout où il passait Sa modestie éclatait dans l'accès facile que trouvaient auprès de lui ceux qui avaient un service à réclamer, dans le soin qu'il mettait à laisser approcher de lui, quand il visitait une de nos villes, tous ceux qui tenaient à le voir de près, à lui serrer la main. Hélas ! c'est ce désir de ne mécontenter personne, de donner satisfaction aux petits, aux humbles, qui est devenu la cause de sa perte. Il négligeait toutes les précautions, il ne craignait aucun danger, et il semblait, en effet, qu'il n'en eût à craindre aucun. Qui avait à se plaindre de lui? qui avait souffert par sa faute? Les paroles que le prophète Samuel adressa au peuple d'Israël au moment où il se démit de sa judicature :

הנני ענו בי נגד יהוה ונגד משיחו ‧‧‧‧‧‧ ואת מי
עשקתי את מי רצותי ‧‧‧‧‧‧‧

Portez témoignage contre moi devant l'Éternel. Qui ai-je opprimé? qui ai-je foulé? ces paroles, le chef vénéré et aimé du peuple français aurait pu les adresser à chacun de nous, au moment où expirait le mandat qu'il avait reçu de la nation, et comme autrefois, les descendants de Jacob, nous aurions répondu d'une voix unanime :

לא עשקתנו ולא רצוהנו

Tu ne nous as pas opprimés, tu ne nous as pas foulés ; nous n'avons rien à te reprocher. Tu n'as point d'ennemis parmi nous.

Il n'en avait pas, en effet, parmi nous, et cela a été pour nous, au milieu de notre indicible douleur, un soulagement d'apprendre que le lâche meurtrier qui nous a arraché par son noir forfait des larmes si amères n'appartient pas au généreux peuple de France. Mais il en avait parmi ces adversaires cosmopolites de l'ordre public, de la société telle que les siècles l'ont organisée, et c'est un de ces sectaires farouches qui a osé porter sur lui une main impie et sacrilège. Qu'as-tu fait, malheureux ? Tu n'as donc pas frémi d'épouvante quand tu t'es trouvé en face de la noble victime que tu voulais immoler à ta fureur ? Ta main n'a donc pas tremblé quand elle s'est posée dans sa main loyale et pure ? Tout sentiment de justice et d'humanité était donc éteint dans ton âme ? Ah ! maudites soient les doctrines perverses qui ont troublé ton esprit, endurci ton cœur et armé ton bras !

Je vous demande pardon, mes frères, la douleur et l'indignation m'égarent. Ce ne sont pas des malédictions, même quand elles sont dirigées contre des erreurs dangereuses, qui doivent retentir sous ces voûtes sacrées ; nous sommes ici dans l'asile de la prière. Prions donc, chers frères et sœurs : Prions pour celui dont la France, dont le monde entier

déplorent si vivement la perte, et demandons au Dieu
juste de le recevoir dans son sein et de lui accorder les
récompenses qu'il a méritées par ses vertus. Prions pour notre
bien-aimée patrie, qui a subi tant et de si terribles épreuves,
et qui est frappée maintenant dans un de ceux qui se sont
dévoués à son salut et qui ont cherché à panser ses plaies.
Demandons aussi à l'Éternel de dissiper le vent de folie qui
passe sur l'humanité, de faire luire sur nous tous un rayon
de sa divine lumière, afin que nous comprenions que nous
n'avons pas seulement des droits à revendiquer, mais des
devoirs à remplir, afin qu'arrive l'ère du progrès véri-
table, afin que s'établisse ici-bas le règne de la vérité, de la
justice et de la charité. — Amen !

PRIÈRE

RÉCITÉE DEVANT LE HÉCHAL

Seigneur, il t'a plu dans ton infinie sagesse d'infliger à une famille digne d'un sort plus heureux et à la France tout entière une épreuve cruelle. Comme tu atteignis autrefois le grand-prêtre d'Israël dans ses plus chères affections, au milieu des pompes majestueuses de son installation, ainsi tu as permis qu'au milieu des splendeurs d'une fête grandiose, la main d'un meurtrier s'abattît sur l'élu du peuple français, et qu'un fer homicide tranchât une existence précieuse.

Comme Aron nous étouffons nos plaintes ; les murmures expirent sur nos lèvres ; nous adorons en silence ta main qui s'appesantit sur nous. Mais nous implorons ta miséricorde infinie pour celui qui nous a été enlevé si subitement. O Éternel, ouvre-lui le trésor de tes célestes grâces et fais-le jouir des délices ineffables que tu réserves à ceux qui, comme lui, remplissent fidèlement leurs obligations, à ceux surtout qui, comme lui, tombent martyrs du devoir.

Notre cœur est rempli d'une commisération profonde pour la veuve éplorée, pour les enfants désolés auxquels a été ravi d'une façon si imprévue et si tragique celui qui était leur joyau le plus pur et le plus brillant. Oh ! comme ils ont besoin d'être soutenus et réconfortés ! Mais qui les fortifiera, Seigneur ? qui leur apportera le baume salutaire par lequel sera calmée leur douleur? Toi seul, Éternel, tu peux les consoler. Oh ! permets que leur amertume soit adoucie par la pensée qu'ils ne sont pas seuls à gémir, mais que leur tristesse est la nôtre, que nos larmes se mêlent aux leurs, que leur chagrin si grand et si légitime est partagé par la France, par l'univers tout entier. Console-les surtout par la certitude qu'un jour, ils posséderont de nouveau celui qu'ils pleurent, et qu'alors, cette possession ne sera plus interrompue, qu'elle sera éternelle.

Nous te prions aussi, ô Seigneur, pour celui qui a été appelé par le suffrage des élus du peuple et par le vœu de la grande majorité de la nation au poste glorieux, mais difficile, et nous pouvons dire aussi maintenant, hélas! au poste redoutable de premier magistrat de la République. Nous savons que celui qui n'est plus le considérait comme le plus digne de lui succéder. Nous connaissons la vigueur de son intelligence et la fermeté de son caractère. Nous savons que ses talents seront à la hauteur de la mission qu'il aura à remplir et son courage au niveau de tous les dangers. Nous savons qu'il est animé des intentions les plus droites et les plus pures. O permets-lui de remplir ses intentions et qu'il lui soit donné de conduire la France vers des destinées belles et heureuses.

Pauvre chère France! comme elle a souffert! Par quelles phases cruelles elle a passé. Oh ! que les jours de malheur soient finis pour elle; protège-la, Éternel, et que par ton secours, elle conserve dans le concert des nations le rang glorieux qu'elle avait perdu, mais qu'elle a su reconquérir par son énergie et son activité.

Éternel! tous ceux qui réfléchissent sont inquiets et tremblent pour l'avenir de la civilisation! Des doctrines erronées sont enseignées qui troublent les esprits et corrompent les cœurs! Oh! permets que les hommes ne se passionnent plus pour des utopies dangereuses, mais qu'ils poursuivent le vrai et le bien et qu'ils ne travaillent plus qu'au triomphe des idées conformes aux lois éternelles de la raison! Amen!

La cérémonie s'est terminée à cinq heures. La foule s'est retirée lentement, emportant un souvenir ému de cette imposante cérémonie.

Bordeaux. — Imp. gén. É. Crugy, Mᵐᵉ veuve RIFFAUD, succʳ, rue Seint-Siméon, 16.

www.ingramcontent.com/pod-product-compliance
Lightning Source LLC
Chambersburg PA
CBHW061205050726
47594CB00008B/3581